LA FRANCE

DEVANT

LE SACRÉ-COEUR

DISCOURS

PRONONCÉ A PARAY-LE-MONIAL, LE 20 JUIN 1873

FÊTE DU SACRÉ-COEUR

PAR

LE R. P. FÉLIX

De la Compagnie de Jésus

PARIS

A. JOUBY ET ROGER, LIBRAIRES-ÉDITEURS,

7, RUE DES GRANDS-AUGUSTINS

1873

LA FRANCE

DEVANT

LE SACRÉ-COEUR

Paris — E. DE SOYE et FILS, imprimeurs, place du Panthéon, 5.

LA FRANCE

DEVANT

LE SACRÉ-COEUR

DISCOURS

PRONONCÉ À PARAY-LE-MONIAL, LE 20 JUIN 1873

FÊTE DU SACRÉ-COEUR

PAR

LE R. P. FÉLIX

De la Compagnie de Jésus

PARIS

A. JOUBY ET ROGER, LIBRAIRES-ÉDITEURS,

7, RUE DES GRANDS-AUGUSTINS

1873

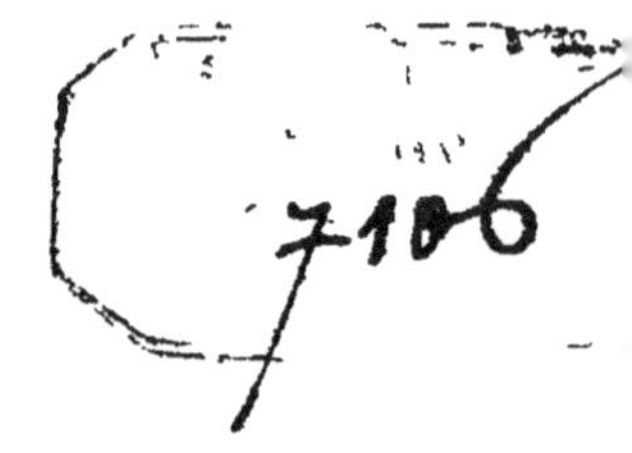

PRÉFACE DE L'ÉDITEUR

Nous livrons à la publicité les paroles prononcées par le R. P. Félix à Paray-le-Monial dans la mémorable journée du 20 juin 1873, fête du Sacré-Cœur. Ce discours évoque un grand souvenir; et, c'est quelque chose de contribuer à prolonger dans les âmes le souvenir d'une fête qui par ses spectacles et ses harmonies, mieux que par la parole humaine, a remué si profondément les cœurs. Parmi les trente mille âmes qui ont assisté à cette grande manifestation du 20 juin, beaucoup, nous osons l'espérer, seront heureuses de retrouver dans cette parole, un reflet de cette grande lumière, un écho de cette grande voix : car une telle fête est une lumière, une telle fête est une voix : c'est une lumière qui laisse voir, c'est une voix qui laisse entendre sur la terre quelque chose du ciel. Les pèlerins du 20 juin, en retrouvant ici ce qu'ils ont entendu, y trouveront aussi quelques courts développements que l'orateur a dû supprimer sur place. La situation exceptionnelle d'une prédication au grand air et au grand soleil devant vingt mille auditeurs imposait à l'orateur la brièveté ; et le souffle lui eût infailliblement manqué pour tenir longtemps en haleine cette immense assistance. Heureusement, l'auditoire, inspiré par le sentiment qui remuait toutes les âmes, le trompa sur l'étendue de ses forces, et se trompa lui-même sur l'étendue du discours, en entremêlant aux accents du prédicateur la voix de ses chants spontanés.

Nous avons cru devoir, comme souvenir, marquer les points où ces chants alternant avec la parole, permettaient le repos à l'orateur, et soutenaient, en la ravivant, l'attention de l'auditoire.

Avec le secours qui lui venait de l'assistance l'orateur avait celui du lieu qui servait d'encadrement à son discours , le point élevé d'où il parlait permettant à sa voix d'atteindre assez loin la foule répandue sur la route et dans les prairies qui l'avoisinent (1).

Puissent ces échos déjà lointains d'une incomparable fête en continuer l'enseignement et l'édification. Puissent-ils surtout contribuer à accroître de plus en plus dans les âmes, cette dévotion envers le Sacré-Cœur qui se révèle définitivement comme la grande dévotion de notre temps et comme la divine garantie du salut de la France.

(1) On sait qu'une estrade et un autel avaient été dressés sur la route dite de Charolles aux abords de la ville. C'était le rendez-vous général des grandes processions des pèlerins , et c'est de là que parlaient les prédicateurs, alors surtout que la foule ne pouvait trouver place dans l'enceinte de l'église.

MESSEIGNEURS ET MES FRÈRES,

Quel jour, quel incomparable jour ! et en voyant ces horizons inondés de lumière, et toutes ces âmes inondées de joie, ne dirait-on pas comme un jour du ciel venant illuminer la terre !

Quel jour pour vous, Messeigneurs (1), vous dont cette grande fête catholique et nationale comble tous les vœux, parce que vous portez dans vos grands cœurs d'évêques et de Français, une même passion pour la gloire du Sacré-Cœur et pour le salut de la France !

Quel jour pour la cité de Paray-le-Monial ; Paray-le-Monial, dont j'aperçois d'ici la riante parure ; Paray-le-Monial, bril-

(1) Mgr de Léseleuc, évêque actuel d'Autun, et Mgr de Marguerie, évêque démissionnaire d'Autun, et primicier de Saint-Denis.

lant dans la lumière de cette fête, comme une Jérusalem nouvelle, et comme une épouse à la clarté du flambeau nuptial, vêtue de sa virginale beauté !

Quel jour pour le diocèse d'Autun, terre deux fois bénie, déjà foulée, aux premiers ours du Christianisme, par les pieds des plus ntimes amis du Cœur de Jésus-Christ, et désormais bien nommée la *terre du Sacré-Cœur !*

Quel jour pour l'Eglise catholique, pour l'Eglise qui reçoit de ces solennités un si éclatant témoignage d'amour et de fidélité, et qui y donne elle-même au monde un témoignage plus éclatant encore de sa force et de sa vitalité !

Quel jour pour la France enfin, la France si éprouvée, si humiliée, si menacée; la France qui fait éclater ici avec la voix de ses repentirs la voix de ses espérances; la France qui, après la tristesse de tant de désastres, sent, dans la surabondance de sa joie, se remuer les germes de sa résurrection !

Ah ! la France, je crois la voir ici sous mes regards, représentée par tout ce qu'elle a de meilleur ; et à tous et à chacun de ces frères d'une même foi et d'une même patrie, venus de tous les points de la terre française, pour s'unir dans une même prière et dans une même confiance, je voudrais envoyer le salut de la bienvenue et de la fraternité. Mais les noms seuls rempliraient ce discours. Qu'il me soit permis, au moins, de saluer spécialement ceux dont mes regards ont pu apercevoir et reconnaître la bannière.

Salut frères de Lille, de Besançon, de Lyon, de Mâcon, de Châlons, d'Orléans, de Limoges, de Perpignan, de Brest, et de tant d'autres cités que je ne puis nommer.

Salut, en particulier, à vous frères de la grande cité, qui apportez à cette fête une gloire plus éclatante, et au Sacré-Cœur un témoignage plus magnifique !

Salut surtout à vous frères de la Lorraine et de l'Alsace, dont les bannières ornées de votre deuil semblent pleurer avec la France, et qui êtes venus ici retremper avec nous, dans les prières et les larmes, vos religieuses et patriotiques espérances !

Je le demande, mes frères, quel est le mystère de cette journée? et comment s'explique ce spectacle qu'on prendrait pour un rêve du ciel, plutôt que pour une réalité de la terre? Je pourrais demander : pourquoi tous ces ornements, toutes ces décorations, toutes ces fleurs, tous ces parfums, tous ces chants? Pourquoi ces fêtes ravissantes auxquelles répondent si harmonieusement les belles fêtes de l'air et de la lumière? Pourquoi la cité tout entière devenue comme un vivant encensoir d'où s'élèvent, comme la fumée de l'encens, les parfums d'amour montant de tant de cœurs émus vers le Cœur de Jésus-Christ? J'aime mieux demander : pourquoi cette prodigieuse affluence? Pourquoi cette foule saintement attendrie, la plus magnifique décoration de toute fête de Dieu célébrée parmi les hommes? Pourquoi de tous côtés la France qui se lève et accourt ici comme un seul homme? Pourquoi ces fleuves humains qui inondent toutes les rues de la cité? et cet immense torrent de joie qui de tant de cœurs ouverts déborde dans son sein?

Ah! je comprends; à travers les chants et les harmonies de ce jour, j'entends la voix de l'histoire qui dit ou plutôt chante le mot du mystère : Un jour, ici même, le Christ Sauveur est venu; il a entr'ouvert sa poitrine; il a fait, en montrant son Cœur, la plus touchante manifestation de son amour; et, à tous ceux qui l'invoqueraient, à la France en particulier, il a fait la promesse de ses faveurs et de sa protection.

Ainsi parle, ou plutôt ainsi chante l'histoire, nous révélant le mystère de cette fête.

Oh! alors, j'ai le mot de l'énigme; et je comprends pourquoi ma chère France, du fond de ses déastres, se lève pleine d'espérance; je comprends pourquoi, portée avec un saint enthousiasme sur les ailes ardentes de la vapeur et sur les ailes plus ardentes encore de sa foi et de son amour, elle s'écrie en volant sur les lignes de fer : *A Paray-le-Monial, à Paray-le-Monial!*

Ah! c'est que ma France menacée sent le besoin de trouver une puissance qui la sauve, et qu'un instinct plus fort que tout lui dit qu'elle *sera sauvée par le Sacré-Cœur.*

Tel est le son que rend en ce moment en tous nos cœurs la fibre catholique et française ; tel le sens religieux et patriotique de cette fête. C'est à traduire par quelques mots le sens vrai, le seul vrai de cette imposante démonstration, que je veux consacrer ce discours ; si tant est, que ce que je vais dire, puisse se nommer un discours. J'aurai atteint mon but, si ma parole se faisant l'écho fidèle et sympathique de vos âmes, arrive à faire briller dans l'éclat de ce beau jour, cette vérité pour nous si pleine d'espérance : *la France sera sauvée par le Sacré-Cœur* ; parce que la France a des raisons absolument décisives de compter sur sa spéciale protection.

Oui, ô ma France désolée, nation très-chrétienne, tout me le crie dans le passé et dans le présent : tu seras sauvée par le Sacré-Cœur, parce que là, dans le Cœur du Christ, réside la puissance qui sauve, et que tu es plus que toute autre la *nation du Sacré-Cœur.* Chante donc, ô ma patrie, chante avec ta foi, ton amour et ton espérance, ton refrain libérateur. (*Ici l'immense assistance chante comme une seule voix :*)

> Dieu de clémence,
> O Dieu vainqueur,
> Sauvez Rome et la France,
> Par votre Sacré-Cœur.

L'orateur reprend :

Merci, mes frères, d'agrandir par la vaste harmonie de vos voix les faibles sons de la mienne. Mieux que mon discours cette harmonie proclame ce que je veux dire : la puissance libératrice du Sacré-Cœur, divine garantie du salut de notre France. Oui, mes frères, cette puissance qui a son ressort et son point d'appui dans le Cœur du Christ Sauveur, cette puissance libératrice de l'humanité chrétienne en général et de notre siècle en particulier, est très-spécialement la puissance libératrice de notre chère France!

Certes, je ne l'ignore pas, nous ne pouvons prétendre, comme nation, à la possession exclusive de cette protection divinement salutaire; et l'arche trois fois sainte du Sacré-Cœur, n'est pas pour la France seule une arche de salut. Mais les faits sont là : faits du passé, faits du présent, qui attestent envers la France les prédilections du divin

Cœur. Et l'apôtre ici ne peut empêcher le
français de le proclamer tout haut, par la
grande voix de cette fête : Oui, la part pré-
pondérante que la France a prise dans la
naissance, la défense, la propagation et la
glorification du culte du Sacré-Cœur, étend
sur elle, d'une manière très-spéciale, le
bouclier de sa divine protection.

I

Mais, où sont, me demandez-vous les té-
moignages historiques et les garanties au-
thentiques de cette protection et de ces
faveurs de choix ? Un rapide aperçu des vrais
rapports de la France avec le Sacré-Cœur,
va nous le montrer à la lumière de notre
propre histoire.

Et, tout d'abord, voici de cette spéciale
protection la première garantie que nous
offre notre histoire : c'est qu'en fait, quelle
qu'en soit la raison que Dieu seul connaît
bien, nous avons été les premiers élus et
les premiers confidents du Sacré-Cœur. C'est

à la France que le Cœur de Jésus-Christ a fait la touchante révélation qui légitime et explique la splendeur de ces fêtes.

Et d'abord, Mes Frères, c'est à une cité française que Jésus-Christ a fait cette révélation de son amour, la plus grande, sans contredit, après celle des mystères de l'Incarnation et de l'Eucharistie. Oui, comme le Verbe incarné avait choisi en Israël une cité privilégiée, pour y faire sa première manifestation ou sa première Epiphanie ; ainsi, il a voulu choisir, dans un peuple privilégié aussi, une cité pour y faire cette autre manifestation de son divin amour. Quelle cité a-t-il choisie ? O Paray-le-Monial, comme Bethléem en Israël, vous êtes l'une des plus humbles cités que porte la terre de France ; mais comme Bethléem aussi, vous êtes grande et illustre par la révélation qui fut faite dans votre sein. Comme Bethléem, vous ne serez plus la plus petite, mais la plus grande de nos cités : *nequaquam minima es ex principibus Juda ;* car, en vérité, après l'étable de Bethléem, et après le cénacle de Jérusalem, vous êtes le plus grand théâtre des manifestations du divin amour !

Et cette révélation qui a eu pour théâtre une cité française, elle a été confiée à une institution française ; sainte famille bénie entre toutes les familles religieuses, l'institut de la Visitation choisi par le Sacré-Cœur de Jésus pour recevoir ses divines confidences. D'autres familles religieuses porteront plus tard avec honneur ce grand nom du Sacré-Cœur : on dira avec respect et reconnaissance : Les dames religieuses du Sacré-Cœur, les religieux missionnaires du Sacré-Cœur ; d'autres institutions encore se couvriront de la gloire de cet incomparable nom. Mais l'honneur sans précédent d'avoir reçu la révélation du culte du Sacré-Cœur, avec les confidences de son amour, demeure et demeurera à jamais l'honneur réservé de cet institut sorti du cœur de notre France ; institut éminemment français, portant sur son berceau deux grands noms dans lesquels semble résonner le nom même de la France, *Françoise de Chantal,* une noble fille de la noblesse française, et *François de Sales,* en son temps déjà une des plus pures gloires de notre langue française, et aujourd'hui un nom vraiment français.

Et au sein de cette famille religieuse toute rayonnante du nom et toute pleine du génie de la France, le Sacré-Cœur avait donné ses divines préférences à une âme éminemment française, la bienheureuse Marguerite-Marie: âme française, non-seulement par la terre qui a porté son berceau, mais française par toutes les fibres de son âme et par tous les battements de son cœur; si française, que, dans l'ombre de son cloître, éclairée qu'elle était déjà par les lumières des divines confidences, on dit qu'elle tressaillait d'un enthousiasme à la fois religieux et patriotique, parce qu'elle apercevait de loin dans le culte du Sacré-Cœur les deux gloires parallèles de l'Église et de la France ; âme enfin si éprise de l'amour de son Christ et de sa patrie, qu'instruite et conseillée par le Sacré-Cœur lui-même, elle en voulait voir l'image gravée dans les palais de nos Rois et inscrite sur le drapeau de nos soldats, déclarant avec une sorte de ravissement prophétique, que ce Sacré-Cœur, dont elle appelait la glorification au sein de notre patrie, deviendrait pour la France *la plus puissante protection.*

Ainsi, vous le voyez ; une cité française, une institution française, et par-dessus tout une âme française, choisies par le divin Cœur pour être les dépositaires de ses secrets et les confidentes de son amour : voilà notre histoire, au point de vue où nous sommes. N'avais-je pas raison de dire que la France a été vraiment l'élue du Sacré-Cœur? Comment dès lors ne compterait-elle pas sur sa spéciale protection? Et pourquoi ne chanterait-elle pas avec un tressaillement plein d'espérance : (*On chante* :)

Dieu de clémence,
O Dieu vainqueur,
Sauvez Rome et la France
Par votre Sacré-Cœur.

Nous avons dans notre histoire un autre titre à la spéciale protection du Sacré-Cœur. Non-seulement nous en avons été les premiers confidents ; nous en avons été les plus vaillants défenseurs. La France s'est montrée partout et toujours le vrai soldat du Sacré-Cœur. Ce don incomparable fait à la France, la France l'a défendu et le défend encore avec cette intrépidité vaillante qu'elle sait porter dans toutes ses luttes.

La dévotion envers le Sacré-Cœur tenant par sa nature à ce qu'il y a de plus intime dans le christianisme, comme le christianisme lui-même, devait rencontrer la contradiction ; et l'on eût pu redire à son berceau la prophétie tombée sur l'enfant divin lui-même : *erit in signum cui contradicetur ;* elle sera un signe de contradiction, c'est-à-dire un drapeau de combats. Et, en fait, est-ce que depuis sa naissance l'antagonisme et la lutte lui ont jamais manqué ? Et ce signe de contradiction, ce drapeau de batailles, est-ce qu'il n'est pas devenu en même temps, au milieu de nous, comme le *criterium* du vrai christianisme ? A ce signe, en effet, vous reconnaîtrez les vrais ennemis du christianisme : mauvais chrétiens, pseudo-chrétiens, semi-chrétiens, et par-dessus tout, anti-chrétiens, tous, dans des mesures diverses, ont fait et font encore au Sacré-Cœur de Jésus-Christ une guerre plus ou moins sourde ou plus ou moins éclatante.

Eh bien ! tous ces opposants du culte de

l'amour, tous ces adversaires plus ou moins avoués de la dévotion du Sacré-Cœur, nous les avons combattus ; et nous les avons combattus avec un courage qui, loin de se lasser, s'est retrempé de jour en jour dans la lutte elle-même. Et si dans ces luttes glorieuses la France n'a pas été seule, nous pouvons bien dire qu'elle y a marché et y marche encore au premier rang, avec une ardeur agrandie par ses victoires.

Le culte du Sacré-Cœur, nous l'avons défendu contre ces dévots hypocrites qui s'intitulèrent Jansénistes : hérétiques déguisés qui cachaient, sous le masque d'une piété factice, leur opposition trop réelle au vrai christianisme ; hommes à l'esprit étroit et au cœur glacé, incapables de comprendre et surtout de sentir, dans la dévotion au Sacré-Cœur, le culte de l'amour se révélant à nous sous la forme la plus aimable et la plus divinement attrayante.

Le culte du Sacré-Cœur, nous l'avons défendu en face des blasphèmes et des sarcasmes de l'antichristianisme du dernier siècle. Oui, en plein siècle de l'égoisme et de l'im-

piété nous avons levé vaillamment ce drapeau
de la piété et de l'amour symbolisés dans le
cœur d'un Dieu : c'était la réaction efficace
contre l'égoïsme de Voltaire et l'antichristianisme de son siècle.

Le culte du Sacré-Cœur enfin, nous l'avons
défendu et le défendons encore contre tous
les rationalismes, tous instinctivement conjurés contre cette dévotion qui a le grand souffle chrétien et où respirent l'âme et le cœur
du vrai christianisme.

Et jamais, dites-moi, cette garde vaillante
que nous faisons autour du Sacré-Cœur, a-t-
elle revêtu un caractère plus glorieusement
militant que celui qu'elle revêt aujourd'hui?
Quel spectacle vous donnez, en ce moment
surtout, aux anges et aux hommes. à nos protecteurs du ciel et à nos insulteurs de la
terre! Vous voici, nouveaux croisés, le signe
du Sacré-Cœur brillant sur vos poitrines, sa
bannière dans votre main, ses chants sur vos
lèvres, et son amour dans vos cœurs ; vous
voici, non-seulement vous donnant les uns
aux autres, dans cette cité bénie et autour
de ce cénacle nouveau, l'exemple d'une allé-

gresse et d'un enthousiasme saintement eni-
vrés ; mais voici que par tous les chemins qui
conduisent à cette autre Bethléem, vous portez, calmes, sereins et joyeux, vos emblèmes
chéris devant l'impiété qui murmure, qui
essaie de sourire et parfois même laisse voir
l'intention d'outrager. Oui, ce culte du Sacré-
Cœur que nos pères ont défendu devant le
Jansénisme, devant le Voltairianisme, et devant tous les rationalismes, nous héritiers
de leur foi, de leur amour et de leur vaillance,
nous voici le défendant en face de ces formes de l'irréligion toutes plus hideuses les
unes que les autres, qui se nomment positi-
visme, matérialisme, socialisme, commu-
nisme, et voire même athéisme !

Ah ! c'est qu'en effet, entre les disciples de
ces systèmes d'impiété, sacrilégement décorés
du nom de doctrines, et les disciples de ce
culte sacré dont nous levons ici le glorieux
drapeau, l'antagonisme est absolu. Eux sont
la forme la plus extrême de l'irréligion et de
l'impiété ; nous sommes, nous, la forme
la plus complète et la plus triomphante de
la piété et de la religion ; ils sont l'anti-

christianisme ayant à son centre le cœur de glace de Voltaire ; nous sommes, nous, le vrai christianisme, ayant à son centre le cœur de flammes de Jésus-Christ.

Et voilà pourquoi nous défendons contre eux avec un courage sans peur le Sacré-Cœur de Jésus-Christ, et pourquoi, comme nos pères portaient la croix sur leur poitrine devant le croissant de Mahomet, menaçant alors de ruiner la civilisation chrétienne, nous portons le Sacré-Cœur de Jésus-Christ devant l'antichristianisme de Voltaire menaçant notre société de l'envahissement d'une barbarie nouvelle.

Voilà pourquoi, enfin, nous sommes et demeurerons jusqu'à la mort les soldats dévoués du Sacré-Cœur ; et pourquoi, attendant de lui le secours pour notre chère patrie dans la mesure des dévouements que nous lui consacrons, nous chantons avec une confiance égale à la vaillance et à la persévérance de nos combats : (*On chante :*)

> Dieu de clémence,
> O Dieu vainqueur,
> Sauvez Rome et la France
> Par votre Sacré-Cœur.

Mais, défendre ne suffisait pas, il fallait propager. Or la France qui a été l'élue la plus privilégiée du Sacré-Cœur, la France qui a été le soldat le plus intrépide du Sacré-Cœur, la France a été en même temps l'apôtre et le propagateur le plus ardent du Sacré-Cœur; et c'est là notre troisième titre à sa spéciale protection sur la France.

Quelques nations catholiques ont pris leur part active dans cet apostolat enflammé du Cœur de Jésus-Christ; et la Pologne en particulier s'est signalée, elle aussi, en diverses circonstances, par cette gloire apostolique. Oui, cette nation, après la France la plus française, s'est associée à notre patrie dans cet apostolat catholique et national; et ce n'est pas à mes yeux un des moindres titres à la résurrection future de sa nationalité. Mais la France ici encore s'est distinguée entre tous les peuples; et nulle n'a prêté à l'extension du culte du Sacré-Cœur le concours d'une propagande aussi active, aussi efficace, aussi conquérante.

Ah! c'est que la France, avec son cœur si naturellement sympathique, semblait faite tout exprès pour la propagation de ce culte d'amour et de cette religion du cœur. Et, comme on pouvait s'y attendre, elle a mis dans cette propagation quelque chose de cette ardeur communicative dont son cœur est le foyer, et de cet irrésistible entraînement qui est le trait de son génie.

Aussi, voyez comme cette ardeur de prosélytisme en faveur du culte du Sacré-Cœur s'est produite et se produit encore dans notre France ! quelle explosion d'apostolats nés et développés au milieu de nous, pour propager le règne de ce Cœur divinement souverain ! On dirait qu'une divine chaleur sortant de ce Cœur enflammé a fait croître dans la patrie française, sous toutes les formes et dans toutes les sphères de la vie, les dévouements apostoliques à ce culte deux fois salutaire, qui doit retremper, à la fois, la vitalité de l'Eglise et la vitalité de la France.

Ah ! ces apostolats qui conspirent parmi nous à l'extension et à la dilatation du règne du Sacré-Cœur, comment pourrais-je ici seulement les énumérer ?

Apostolats des saintes confraternités et des

pieuses associations ; foyers du feu sacré répandant autour d'eux la divine chaleur du Cœur de Jésus-Christ.

Apostolats de l'éducation décorés du nom du Sacré-Cœur : légions de nobles et saintes femmes, faisant éclore dans l'enfance chrétienne, sous le rayonnement de ce divin Cœur, les plus belles fleurs de la piété, et répandant par elles dans notre monde nouveau la bonne odeur de Jésus-Christ.

Apostolats de nos missionnaires héroïques, allant, sous les plis de ce drapeau planté sur les plus lointains rivages, reculer les frontières de la catholicité et de la civilisation.

Apostolats de la parole, de la parole écrite et de la parole vivante : tant d'écrivains catholiques consacrant de beaux talents à la propagation du règne du divin Cœur ; tant d'orateurs sacrés puisant à cette source brûlante leurs accents les plus enflammés, et leurs inspirations les plus triomphantes.

Apostolats de la presse : le journalisme, lui aussi, prenant sa part active de cet apostolat contemporain ; et la presse, trop souvent, hélas la publique messagère de Satan dans l'humanité, la presse devenue en France et par delà encore, la publique *messagère* du Sacré-Cœur.

Apostolats de la prière commune et de la communion réparatrice : deux apostolats ayant un but et une source identique, et l'un et l'autre intimement liés à la dévotion du Sacré-Cœur ; saintes phalanges de priants, saintes légions de communiants qui agrandissent de jour en jour l'armée et les triomphes du Sacré-Cœur.

Apostolats du culte public : je ne sais combien d'autels consacrés, combien de temples érigés parmi nous au Cœur de Jésus-Christ ; apostolats toujours parlants et toujours efficaces, dont Moulins, Lille, Nancy, Saint-Pierre-lès-Calais nous ont donné le bel exemple, et dont Paris, ou plutôt la France entière s'apprête à nous donner un exemple plus magnifique par son *Vœu national* offert au Sacré-Cœur.

Apostolat de nos pèlerinages enfin, le plus ardent, le plus enthousiaste, le plus entraînant de tous. Jamais, en effet, la flamme de l'apostolat, portée par le souffle de Dieu, avait-elle couru aussi rapidement d'âme en âme, de foyer en foyer, de cité en cité ? Gloire au Dieu Sauveur ! Ces grandes journées de juin 1873 demeureront comme une page éclatante dans les annales des apostolats du Sacré-Cœur accomplis par la France ; et trente mille pèlerins accourus ici, en un seul jour, le signe du Sacré-Cœur sur leur poitrine, diront au siècle qui nous voit et à la postérité qui nous attend, que si le Sacré-Cœur n'a pas de plus intrépides soldats, il n'a pas non plus d'apôtres plus entraînants et plus conquérants que le cœur et le génie de la France.

Comment, dès lors, ce Cœur de notre Christ si divinement libéral ne tiendrait-il pas en réserve pour son apôtre le plus dévoué une protection de choix ? Et lorsque la France, avec une ardeur qui ne se peut lasser, travaille à faire régner le Sacré-Cœur, comment le Sacré-Cœur pourrait-il résister à la supplication de la France ? Comment du haut du ciel pourrait-il ne pas entendre et ne pas exaucer son apôtre qui chante : (*On chante :*)

Dieu de clémence, etc.

La France a un autre titre encore à la protection particulière du Sacré-Cœur. Non contente de déployer son courage pour défendre le culte de ce divin Cœur et son zèle pour le propager, elle a employé son crédit et son autorité pour l'exalter et le glorifier dans l'Eglise de Dieu. La confidente préférée, le soldat le plus vaillant et l'apôtre le plus ardent du Sacré-Cœur, la France a encore l'insigne honneur d'avoir été la promotrice la plus autorisée et la plus influente de toutes les grandes mesures prises par l'Eglise notre mère, pour l'exaltation du Cœur de Jésus-Christ.

Sans doute, à l'Eglise seule il appartient d'approuver dans le christianisme un culte quelconque, et de l'élever progressivement jusqu'au plus haut degré de ce qu'on pourrait nommer sa gloire liturgique. Ce privilége est pour la divine épouse de Jésus-Christ un honneur réservé, elle seule ayant reçu de Dieu le droit essentiellement divin d'autoriser le culte, de réglementer la prière et d'organiser l'adoration. Toutefois l'Eglise dans l'exercice de ce droit divin s'inspire de l'esprit qui circule dans tout le corps mystique de Jésus-Christ; elle prend conseil des vœux de l'épiscopat, du sacerdoce et du peuple catholique tout entier. Volontiers, elle sourit, sous ce rapport, sauf à les juger divinement, aux religieuses initiatives prises par les chrétiens, hommes ou peuples; et c'est l'une des joies de sa maternité de faire entrer dans sa législation et sa liturgie ce qui est dans l'âme et le cœur de ses enfants. Il y avait donc pour l'établissement et le développement du culte envers le Sacré-Cœur, des vœux à formuler, des initiatives à prendre, des impulsions à donner, ou si vous aimez mieux, des instances à faire.

Eh bien! mes frères, qu'a fait ici pour le Sacré-Cœur l'initiative de la France? Ici, plus que partout ailleurs, elle a justifié son nom de nation très-chrétienne. Elle a été la promotrice la plus pressante, la postulatrice la plus agissante et la plus persévérante de toutes les causes qui étaient à la plus grande gloire du Sacré-Cœur, et à la plus grande exaltation de son culte dans l'Eglise.

S'il fallait dire ici tout ce que la France a

fait pour exalter au dedans et au dehors de ses frontières le culte public du Sacré-Cœur, ce discours de beaucoup dépasserait les limites que lui imposent le lieu et le temps qui lui servent de cadre. Indiquons au moins quelques-unes de ses puissantes interventions dans la sainte et patriotique cause du Sacré-Cœur de Jésus.

C'est une reine de France, noble fille de la Pologne, Marie Leczinska, qui en 1765, obtint par l'intermédiaire de l'assemblée du clergé de France réuni à Paris, que le culte public du Sacré-Cœur fût établi dans tous les diocèses de France. Le cœur de la Pologne et le cœur de la France se rencontraient ainsi dans celui d'une illustre princesse, pour obtenir de la sainte Eglise cet épanouissement du culte du Sacré-Cœur sur toute la terre française.

Ce sont les évêques de France qui naguères, en 1856, convoqués à Paris autour du berceau d'un enfant impérial, pour agrandir par leur présence la gloire de son baptême, portaient plus haut leur pensée catholique, et formulaient une demande collective, pour obtenir que le culte public du Sacré-Cœur, déjà admis dans toute la France et dans quelques églises particulières, fût consacré dans toute l'Eglise catholique et entrât dans la liturgie universelle de la catholicité.

C'est l'épiscopat français, et en particulier le saint évêque d'Autun, Mgr de Marguerye, qui a postulé auprès de la cour romaine pour obtenir la béatification de la sainte privilégiée du Sacré-Cœur, la B. Marguerite-Marie Alacoque; solennité mémorable dont il nous a été donné de voir le spectacle plein d'allégresse et d'espérance; événement décisif qui donnait à la vérité historique des apparitions du Sacré-Cœur, une publique consécration, et la marquait du sceau de l'infaillible autorité de l'Eglise.

Ce sont nos évêques français aussi qui ont pris spontanément l'initiative de la solennelle consécration de leurs diocèses au Sacré-Cœur. Déjà la plupart ont accompli ce grand acte de la confiance de notre épiscopat en la protection du Sacré-Cœur; et, ceux qui ne l'ont pas encore accompli, j'en ai la certitude, ne tarderont pas à le faire.

C'est la France encore, c'est-à-dire l'épiscopat, le clergé et le peuple catholique de France qui, aujourd'hui encore, insiste avec le plus d'ardeur auprès du successeur de Pierre. pour obtenir que bientôt l'Eglise tout entière soit mise sous le patronage spécial du Sacré-Cœur de Jésus, et que l'office liturgique du Sacré-Cœur soit élevé dans l'Eglise au plus haut degré possible.

Ainsi, vous le voyez, partout et toujours, quand il s'agit d'obtenir dans l'Eglise pour le Cœur de Jésus-Christ un honneur et pour son culte un agrandissement de plus , au premier rang. ici encore, vous trouvez la France, la France avec son autorité de grande nation et surtout de nation très-chrétienne, demandant l'exaltation progressive de ce centre vivant du vrai christianisme, la France avec son impétuosité native et cette sainte *furia* qui caractérise sa piété elle-même, pressant les sages lenteurs de Rome d'exalter de plus en plus dans l'humanité chrétienne ce culte cher à notre mère l'Eglise catholique et particulièrement cher à la patrie française.

Comment, dès lors, ce Cœur de notre

Maître ne ferait-il pas rejaillir sur notre chère patrie quelque chose de cette gloire dont elle travaille à l'environner dans l'Eglise universelle? Et pourquoi. confiants en sa protection, et, sans crainte de voir notre prière confondue par l'événement, ne chanterions-nous pas avec un éclat qui l'exalte de plus en plus devant les nations : (*On chante* :)

Dieu de clémence, etc

II

Mes frères, vous venez de voir comment la France, plus que toute autre nation chrétienne, a été la première confidente, le soldat le plus intrépide, l'apôtre le plus ardent et la glorificatrice la plus influente et la plus persévérante du Sacré-Cœur. Que pouvait de plus notre chère France pour s'assurer à jamais sa divine sauvegarde? Ne vous semble-t-il pas que nous pourrions nous arrêter ici, et qu'appuyés sur les quatre fondements que je viens de poser à nos espérances, nous pouvons reposer tranquilles sous la toute-puis-

sante égide du Sacré-Cœur, en nous écriant
avec une ferme assurance : Oui, nous en
sommes certains ; le Cœur de notre Christ ne
se laissera pas vaincre en générosité et en
bienfaits ; il élèvera sa protection à la hauteur,
au-dessus même de nos dévouements : une
voix immense le crie du fond de notre histoire : oui, la France sera sauvée par le Sacré-Cœur.

Toutefois, je ne puis finir sans vous dire
quelque chose qui me paraît plus décisif
encore que tout ce que nous avons dit jusqu'ici ; quelque chose qui est non plus seulement l'histoire de notre passé, mais l'histoire
de notre présent le plus actuel et le plus vivant ; quelque chose qui nous donne de la
protection du Cœur de Jésus-Christ sur la
France une garantie plus grande que toutes
les autres, et qui doit faire, à l'avenir et plus
que jamais, de notre patrie la nation du Sacré-Cœur.

Quoi donc? me demandez-vous, et qu'a pu
faire la France de plus décisif au point de
vue où nous sommes, que ce que nous venons
d'entendre ? Ah! ce que j'ai à vous montrer

encore, c'est ce qui fait plus que tout le reste tressaillir avec mon âme d'apôtre mon cœur de français ; c'est le spectacle vraiment inouï, et vraiment réservé à notre patrie, le spectacle de ce que je ne crains pas de nommer, *un mouvement national envers le Sacré-Cœur* ; mouvement prodigieux dont la France, à l'heure où je vous parle, donne l'exemple au monde. Jusqu'ici nous avons vu dans la France vis-à-vis du Sacré-Cœur, le mouvement catholique se produisant, çà et là, dans ses membres les plus remplis de la sève chrétienne et les plus embrasés de la flamme apostolique ; et c'est pour la France déjà dans l'histoire de son passé une gloire sans pareille. Mais voici, cette fois, dans notre France, ce que j'appelle en toute vérité un mouvement *national* envers le Sacré-Cœur ; voici l'exemple d'un grand *vœu* national offert au Sacré-Cœur ; voici l'exemple d'une *défense* nationale entreprise sous le drapeau du Sacré-Cœur ; voici surtout l'exemple d'une *supplication* nationale ; voici la France à genoux, comme une grande suppliante, demandant au Sacré-Cœur son salut, avec une voix qu'on n'avait pas encore entendue et avec des accents qu'on ne lui connaissait pas. Jamais rien de semblable s'était-il vu et aurait-il pu même s'imaginer ? Et le Sacré-Cœur de Jésus pouvait-il être plus divinement engagé d'honneur à la protection et au salut de notre malheureuse patrie ?

Et d'abord, mes frères, ce que je vous donne ici comme signe authentique du mouvement national envers le Sacré-Cœur, c'est le vœu sorti naguère spontanément du cœur et des entrailles de la patrie menacée ; *Vœu national* offert par le cœur de la France au Cœur de Jésus-Christ, pour expier les iniquités de la nation et les publiques prévarications de la patrie.

Honneur et reconnaissance aux grandes âmes catholiques et françaises, en qui l'amour de la France et de l'Église fit naître cette idée au sein même des désastres de l'une et de l'autre ; honneur et reconnaissance à tous ceux qui, d'une manière ou d'une autre, ont aidé cette idée à se faire jour à travers nos ruines ; honneur surtout et reconnaissance au grand et digne successeur de saint Denis, Mgr Guibert, qui avec son grand cœur d'apôtre, d'évêque et de français, a spontanément assuré un si haut patronage et donné une impulsion si forte et si décisive à une entreprise où l'on reconnaît à la fois, et le génie de la vraie France et le génie du vrai christianisme (1). Vœu vraiment national, devant se traduire dans un monument historique, qui ouvrira devant nous l'ère d'une France nouvelle, je me trompe, d'une France retrempée aux sources antiques de son baptême.

Oui, mes frères, un temple grandiose, un édifice monumental élevé par le dévouement français et la charité populaire au point le plus culminant de la capitale, pour la dominer tout entière par la grandeur de son architecture, ou plutôt, pour la protéger et toute la France avec elle, pa la réparation, le sacrifice et la prière dont il sera la magnifique et permanente expression devant le ciel

(1) On sait l'appel que Mgr l'archevêque de Paris a fait à tout l'épiscopat de France, pour l'aider à réaliser ce grand dessein ; et au moment où nous publions ce discours, Sa Grandeur qui était en instance auprès des représentants de la France, vient d'obtenir par un vote de l'Assemblée l'autorisation d'acquérir, sur les hauteurs de Montmartre, le terrain où doit s'élever le monument du *Vœu national.*

et la terre : quelle idée sublime! quelle
grande pensée! quelle idée française! quelle
pensée catholique! Je me trompe: pour in-
terpréter dignement cet admirable dessein,
disons plutôt : quel grand acte, quel acte religieux et patriotique tout ensemble! quel
acte de foi en face des scepticismes de notre
temps! quel acte d'espérance au sein des dé-
solations de notre temps ! quel acte d'amour
devant les égoïsmes de notre temps! quel
acte d'expiation au milieu des iniquités de
notre temps! quel acte de réparation pour
les désastres de notre temps! Et selon la belle
expression de Mgr Guibert recommandant ce
grand acte national, quelle *solennelle amende
honorable*, quel *témoignage permanent de la
douleur et du repentir de notre chère patrie!*
Enfin dans ce grand acte de dévouement populaire et de sacrifice national, quelle garantie de salut pour un peuple menacé ! quelle
égide protectrice pour cette capitale si agitée
par les tempêtes sociales! quel palladium sacré pour la France entière!...

Ce grand acte, je le sais, n'est pas encore
réalisé matériellement; mais il existe mora-

lement. En attendant qu'il se produise sous sa
forme réelle et visible, il a dans le vœu de
toute la nation sa réalité invisible et son
existence virtuelle. Il est vrai, les fondements
de l'édifice ne sont pas encore jetés dans la
terre ; mais ils sont jetés dans vos cœurs ; et
je crois voir tout l'édifice appuyé sur votre
charité. Sept cent mille francs déjà versés
par elle, pour la construction du monument
national, permettent déjà de poser les pre-
mières assises, voire même d'y ajouter quelques pierres d'attente ; et, nous en avons la
certitude, votre charité qui a déjà suffi à poser
les fondements suffira à élever les murailles,
et à couronner l'édifice.

Oh ! ne craignez pas ; ce vœu sorti du
cœur de la France catholique, deviendra
bientôt une grande réalité qui réjouira le
Cœur de Jésus-Christ et couvrira la patrie du
bouclier de sa divine protection. Une fois
debout au plus haut lieu de la grande cité,
cet édifice, dans sa muette immobilité, parlera
mieux que tout discours, et agira mieux que
tout effort de l'homme. Recueilli et suppliant
comme une grande prière nationale, avec

une éloquence qui ne se taira ni jour ni nuit, il dira dans son silence en regardant le ciel et en protégeant la terre : « O Christ, sauvez « la France par votre Sacré-Cœur. » Cet édifice, portant dans son architecture quelque chose de l'âme de la France menacée, et de la vie du Christ Sauveur, cet édifice, j'en jure par le Sacré-Cœur lui-même, sera pour nous défendre contre toute invasion du dehors et contre toute barbarie du dedans, plus puissant que nos remparts les plus fermes, et que nos forts les mieux armés. Et, un jour, témoins émus des célestes protections assurées à la France par ce boulevard divinement protecteur, sans mensonge, sans ironie et sans ostentation, nous pourrons écrire au fronton du national et religieux monument :

Au Sacré-Cœur de Jésus-Christ la patrie reconnaissante!

Ce grand vœu national, si décisif pour l'avenir de notre France, ne fera, nous en avons la patriotique espérance, que préluder à l'accomplissement d'un autre plus grand encore que murmure en ce moment dans son cœur catholique et français notre

patrie très-chrétienne : quoi donc? Le vœu
de voir bientôt la France entière mise publi-
quement et officiellement sous la protection
du Sacré-Cœur par un acte authentique de
l'autorité souveraine, de quelque nom qu'elle
se nomme, sous quelquc forme qu'elle se
produise, et sous quelque gouvernement
qu'elle fonctionne, royal, républicain, con-
sulaire ou impérial.

Chose remarquable, ce vœu si chrétienne-
ment patriotique, déjà au dix-septième siècle,
jaillissait spontanément de cette âme si éminemment française honorée des confidences
du Sacré-Cœur. La Bienheureuse privilégiée
du divin Cœur, dans sa double préoccupation
de la paix de l'Eglise et de la grandeur de la
France, faisait demander avec insistance au
puissant monarque qui la gouvernait alors,
l'accomplissement de cette publique consécration de notre patrie au Cœur de Jésus-
Christ.

Plus tard, un autre souverain de la France
tombé des splendeurs du trône au sein d'une
infortune grande comme sa chute, formulait
dans son cœur de chrétien et de roi, ce vœu

catholique et national. Au jour, alors encore espéré, d'une prochaine délivrance, il promettait à Dieu de consacrer publiquément et sa personne et son peuple au Sacré-Cœur de Jésus-Christ. Ce vœu royal, l'auguste captif ne se contentait pas de le murmurer dans son cœur, il le formulait de sa main. L'histoire en nous transmettant cette grande promesse, semble lui donner aujourd'hui la valeur d'une prophétie : et je ne sais quoi me dit que ce dessein formulé dans l'ombre d'une royale infortune sera un jour réalisé dans la lumière d'une grande fête patriotique. Et qui sait si cet incomparable honneur n'est pas réservé à cette Assemblée nationale qui résume en elle l'autorité et semble porter dans ses mains les destinées de notre grand pays? Après tout ce que nous avons vu, après cet élan de la vieille France catholique vers le Sacré-Cœur, que ne pouvons-nous pas espérer d'une assemblée, où nous voyons tant de cœurs catholiques et français dans le plus grand sens de ce mot? nobles et patriotiques chrétiens qui n'aiment rien plus que ces deux choses qu'ils confondent dans un même amour : le salut de la France et la gloire de Jésus-Christ ! Ah ! que le ciel leur inspire cette résolution souveraine, le plus grand acte qu'une assemblée de législateurs ait jamais accompli ; cet acte qu'appelle de tous ses vœux notre immortel pontife, cet acte qui, en répondant aux aspirations de tous les vrais français, scellera à jamais dans le Cœur de Jésus-Christ l'union désormais indissoluble de la France et de l'Eglise, de la religion et de la patrie ! Et, alors plus que jamais, nous pourrons dire de notre France arrachée à l'abîme :

C'est la nation du Sacré-Cœur (1).

Ainsi, un grand vœu national offert au Sacré-Cœur, et de plus l'idée d'une consécration publique de la France au Sacré-Cœur par l'autorité souveraine de la nation : voilà bien déjà des signes assez éclatants du mou-

(1) Nous apprenons avec bonheur qu'on signe en ce moment une pétition à l'Assemblée nationale, pour obtenir d'elle la réalisation de cette grande pensée patriotique ; et nous apprenons avec un bonheur plus grand encore que Sa Sainteté Pie IX a daigné, par un bref adressé au comité établi à Rodez, encourager cette généreuse initiative

vement national qui emporte vers le Cœur de Jésus-Christ le cœur de la France. Mais ce qui me paraît plus significatif encore; ce qui, dans ce mouvement national me ravit d'un enthousiasme tout à la fois religieux et patriotique, c'est d'avoir vu de nos jours ce qui ne s'était jamais vu, sur nos champs de bataille, à l'heure de nos plus grands désastres, la *défense nationale* entreprise par des soldats ou plutôt par des héros de la France, au nom et sous le drapeau même du Sacré-Cœur; c'est d'avoir vu cet étendard deux fois sacré porté dans la main de ces héroïques défenseurs de la patrie, comme le *Labarum* d'un nouveau triomphe qui se prépare pour le christianisme en général et pour notre France en particulier; c'est d'avoir entendu nos braves oser redire au sein même d'une glorieuse défaite, cette prophétie de la victoire: *Hoc signo vinces.*

Que n'ai-je le temps de vous dire l'histoire de ce drapeau miraculeux? Drapeau désormais historique que nous voyons ici avec une religieuse émotion, couvert ou plutôt embelli par le sang de nos braves, et que nous avons vu ce matin couvert de vos baisers et embelli de vos

larmes, environné qu'il était, entre l'autel du
Sacré-Cœur et la châsse de sa bienheureuse
confidente, d'un culte religieux et patriotique : drapeau catholique et français qui nous
demeurera désormais comme un signe d'espérance, et comme la légende vénérée du courage et du dévouement poussé jusqu'au martyre. Dessiné sur un lit de mort par la main
défaillante d'un chrétien de noble race (1),
puis, exécuté par les angéliques mains des
filles de la Visitation, au lieu même où le
Sacré-Cœur a révélé son doux mystère, offert
ensuite, comme un pieux talisman, au chef
à jamais illustre de nos zouaves pontificaux
devenus les défenseurs les plus héroïques
de la France, ce drapeau du Sacré-Cœur, à
l'une de nos heures les plus fécondes en désastres pour la patrie, fut déployé sur un
champ de bataille ; horrible champ de bataille déjà inondé de notre sang, et d'où la
victoire s'enfuyait de partout, à travers les

(1) Nous avons appris par le témoignage le plus authentique que le dessin de cet étendard du Sacré-Cœur
a été tracé, en ses derniers moments, par M. le marquis
de Montagu.

morts jonchant la terre de leurs cadavres, et
les vivants donnant de tous côtés le spectacle
d'une déroute à peu près universelle ; situation humainement désespérante, qui ne lais-
sait plus à choisir qu'entre la fuite ou la
mort !...

C'est dans ce champ de carnage à nul autre
pareil, c'est devant cette foudre du canon
grondant de toutes parts, et faisant de tous
côtés pleuvoir les funérailles comme la grêle
en un moment d'orage, oui, c'est à cette
heure et sur ce théâtre que l'immortel drapeau fut déployé.

Oh ! les voyez-vous d'ici ces volontaires
victimes de la patrie, à genoux devant la
bannière du sacrifice, demandant au Sacré-
Cœur l'une de ces deux choses, les seules
dignes de leur ambition, la *victoire* ou le
martyre? Entendez-vous la voix d'un général illustre (1), survivant mutilé de ses com-
pagnons d'armes, grand débris de ce grand
désastre que j'aperçois d'ici sous les plis
de ce drapeau sanglant, l'entendez-vous
s'écrier en remettant aux mains d'un de

(1) Le général de Sonis.

ces braves ce drapeau du martyre : « *En avant; Vive Pie IX; Vive la France!* Et tous ces héros électrisés par cette parole, les voyez-vous qui se précipitent dans cette tempête de feu, en s'écriant à leur tour : « *Vive Pie IX! Vive la France! En avant?...* »

O frères héroïques, magnanimes soldats de la papauté captive et de la patrie en deuil, en marchant à la mort sous ce drapeau qui porte les saintes reliques de votre sang, ah! vous avez montré dans une éclatante lumière ce que la France peut attendre de vous à l'heure de ses grands désastres! Champs de Loigny et de Patay à jamais illustrés par nos malheurs et par notre héroïsme, vous l'avez vu flotter ce drapeau si glorieux dans la défaite ; et vous avez vu comment, sous cette bannière symbole d'amour, de sacrifice et d'immolation, ces nobles fils de la France savaient mourir pour elle !

Alors, en effet, dans cette lutte inégale, où, sans un miracle, il n'y avait plus de place que pour le sacrifice et la mort, que n'a-t-on pas vu? Fils de l'Église et de la France, quel spectacle vous avez donné, en cette heure solennelle, à la patrie étonnée et à ses ennemis plus étonnés encore ! Spectacle inouï, même dans l'histoire de nos dévouements patriotiques et de nos héroïsmes militaires : ces nobles fils de la France courant à une mort certaine, portant dans leur main le drapeau du martyre déjà couvert de leur sang ; chacun d'eux passant la mort à ses frères d'armes en leur passant le drapeau ; tous tombant les uns après les autres, dans la plus belle fleur de leur vie; et les regards tournés encore vers l'ennemi, redisant de leur dernier soupir leur cri héroïque : « *Vive Pie IX, vive la France, vive le Sacré-Cœur !* Jamais vit-on, dites-moi, sur nos champs de bataille quelque chose de pareil?

Matériellement ils n'ont pas vaincu ; ils ne pouvaient vaincre. Au lieu de la victoire Dieu leur avait prédestiné le martyre dans la défaite ; mais cette défaite valait mieux pour la France que la victoire elle-même. Car cette défaite, s'il est permis de la nommer ainsi, c'était un exploit plein d'honneur, c'était une gloire dans le désastre ; et ce martyre volontaire d'une jeunesse française

dévouée jusqu'au sacrifice de la vie, c'était
un triomphe plein d'espérance ; car ce sang
versé, le plus pur et le meilleur sang de la
France, c'était une rançon de la patrie, bien
autrement rassurante pour notre avenir que
la rançon de nos milliards. Ah ! ces tombes
de nos héros morts sous le drapeau du Sacré-
Cœur, prophétisent ; et jusque dans leur
silence, elles disent à tous ceux qui savent
entendre cette grande voix du sang, ce que
la France peut attendre un jour de tels soldats, conduits par de tels chefs et sous un
tel drapeau, à la défense d'une telle patrie !

Glorieux survivants de cette hécatombe
immortelle, vous qui portez ici sur des fronts
purs et fiers le reflet de cette gloire qui brille
sur la tombe de vos frères morts ; vous surtout qui portez dans des membres mutilés le
témoignage d'un héroïsme qui perce malgré
vous à travers le voile de votre chrétienne
humilité, c'est à vous surtout que j'en
appelle ! Ah ! ce spectacle grandiose, cette
bravoure magnanime, cet héroïsme à nul
autre pareil, vous seuls pourriez nous les
peindre dans toute leur vérité sublime. Ce

qui se passait dans ces nobles cœurs, à l'heure
de leur sanglante immolation, vous seuls
pouvez bien le savoir et le dire ; car, ce qu'ils
sentaient vous le sentiez ; ce qu'ils voulaient
vous le vouliez ; ce qu'ils cherchaient vous le
cherchiez avec une ardeur et une bravoure
pareilles : la victoire ou la mort, le salut de
la France par le sacrifice de votre vie !...

Honneur et gloire à vous ; la France vous
bénit ; la France vous applaudit ; la France
vous remercie : avec vos frères morts, vous
êtes sa gloire, et vous êtes son espérance. Oui,
fiers, avec vous et comme vous, de ce passé
qui vous illustre, nous sommes confiants
dans l'avenir qu'il nous prépare. Si mes pres-
sentiments et mes espérances ne me trom-
pent, j'ose le proclamer tout haut, votre
rôle n'est pas fini. Votre drapeau vous a
conduits au martyre ; il lui reste de vous con-
duire à la victoire. Ah ! ce drapeau décoré par
votre sang, gardez-le bien, gardez-le pour
nos heures décisives. Je ne sais quoi me dit
qu'un jour ce drapeau sera déployé sur
d'autres champs de bataille ; et j'entends
comme une voix qui crie du fond de mon âme

et de cette fête : Un jour vous sauverez la France sous le drapeau du Sacré-Cœur !... Vous avez glorieusement inauguré le mouvement national qui emporte aujourd'hui la France vers le Sacré-Cœur, en déployant sur les champs de bataille ce drapeau du sacrifice ; au Sacré-Cœur il appartient de nous sauver par vous, sous cette bannière désormais devenue pour nous le drapeau du salut (1) !

En attendant ce jour de la grande délivrance où le salut de la France sera conquis sous ce drapeau qui porte gravé sur son fond immaculé le Cœur du divin Libérateur, voici que la France prépare son affranchissement par la pacifique croisade de la prière. Pour la première fois dans nos temps nouveaux, voici notre grande patrie, le repentir au cœur, les larmes dans ses yeux, et la prière sur ses lèvres, donnant au ciel et à la terre le spectacle d'une supplication vraiment *nationale ;* et, cette publique et solennelle supplication, c'est vers votre Cœur qu'elle s'élève, ô Dieu

____

(1) Ici tout l'auditoire, comme un seul homme, acclame les héros de Patay, et en particulier leur chef illustre, et le général de Sonis.

sauveur et rédempteur ; et c'est à votre Cœur
que frappe la voix de cette grande suppliante,
suprême expression de ce mouvement *national* qui en ce moment remue le cœur de
notre grande patrie !

Déjà en 1721, un évêque à jamais illustre
dans les annales de notre épiscopat, donnait
avec son peuple le spectacle d'une grande cité
invoquant le Sacré-Cœur pour échapper aux
ravages de la peste, et y échappait en effet.
Depuis, la cité de Belzunce, la vieille cité
catholique a gardé envers le Sacré-Cœur de
Jésus-Christ, avec le culte de l'amour, le
culte de la reconnaissance ; et naguère, ses
dignes et généreux enfants ouvrant, avec
l'ardeur et l'enthousiasme qui les distinguent,
la sainte campagne de ce pèlerinage national,
nous rappelaient avec éclat, ce que le Sacré-
Cœur a été pour Marseille, et ce que Marseille
est pour le Sacré-Cœur.

Mais, aujourd'hui, voici bien autre chose ;
ce n'est plus Marseille seulement, c'est Paris
la grande capitale de la France, représenté
par l'aristocratie de la piété chrétienne. Ou
plutôt, ce n'est plus une cité seulement, c'est

avec sa capitale la France entière que je crois
voir en ce moment prosternée dans l'attitude
d'une supplication universelle, d'une supplication vraiment nationale.

Oui, je la vois cette grande et noble suppliante ; je la vois éplorée, mais souriante ;
songeant à ses malheurs, mais gardant l'espérance ; priant comme peuple sur terre peut-
être n'a jamais prié, et comme sans doute
elle n'avait jamais prié elle--même ! Oh !
comme elle supplie ma France qui croit, et
comme la foi respire au fond de sa prière !
Comme elle supplie ma France qui espère ;
et comme son espérance tressaille au fond de sa
prière ! Comme elle supplie ma France qui
aime, et comme son amour chante au fond de
sa prière ! Comme elle supplie ma France qui
souffre, et comme sa souffrance gémit au fond
de sa prière ! Comme elle supplie ma France
qui pleure, et que de larmes se sentent au
fond de sa prière ! Alors surtout qu'elle
pleure sur les enfants qu'elle a perdus, et
que de sa voix maternelle elle crie au Cœur
de Jésus-Christ: pitié, mon Dieu ; rendez-
moi ma Lorraine, rendez-moi mon Alsace,

ces deux filles de mon sang arrachées à mon
cœur !

O France qui, avec une tristesse ignorée de
vos plus tristes jours, pleurez sur vos désastres,
et sur vos iniquités encore plus que sur vos
désastres ; France retrempée dans vos larmes,
et reparaissant tout à coup, avec la foi, l'ardeur et l'enthousiasme de vos plus grands
âges ; France prodigue et prévaricatrice, et
après tant de prévarications prise d'un immense besoin d'expiation, de sacrifice et de
réparations ; ô France, ô ma patrie, naguère
encore la plus éprouvée et la plus humiliée
des patries, mais aujourd'hui sortant comme
d'un vaste écroulement, et faisant entendre
du sein de vos ruines la voix ou plutôt le
chant d'une prière capable d'apaiser toutes
les colères du ciel et de réparer toutes vos
prévarications de la terre ; ah ! je vous recon-
nais, vous êtes bien la France de Charle-
magne et de saint Louis, la France des Croi
ades, de saint Bernard et de Pierre l'Her-
mite !.... Je vous vois devenue comme une
aste prière ! Vous êtes une nation qui prie ;
vous êtes un peuple qui crie miséricorde ;

vous êtes la supplication la plus victorieuse
de toutes, celle à laquelle Dieu ne résiste jamais, vous êtes la *supplication nationale* !...

Ces pélerinages, en effet, mes frères, ces
multitudes accourant de tous les points de la
terre française, qu'est-ce donc, je vous prie,
si ce n'est comme la procession de la France?
Et ces prières qui se répètent, et ces chants
qui se recommencent sans pouvoir se lasser ,
qu'est-ce encore, si ce n'est la supplication
de la patrie, la litanie de l'Eglise et de la
France menacées des mêmes périls, et poursuivies par les mêmes ennemis ? Litanie de la
foi, litanie de l'espérance, litanie de l'amour,
litanie de l'expiation, litanie du repentir, litanie de la douleur et de la souffrance, mais
dans laquelle la joie et la consolation débordent par-dessus la souffrance et la douleur !..
Cette litanie où semblent vibrer ensemble
toutes les fibres nationales, avec toutes les
fibres catholiques, ô Paray-le-Monial, écoutez, écoutez comme la France la chante dans
votre enceinte, avec un entraînement qui
grandit d'heure en heure ! Comme elle aime
surtout à la redire autour de ce béni sanc-

tuaire, vrai lieu de son salut, où le Christ lui
a révélé avec le mystère d'amour le mystère
de l'espérance ! Oh ! dites-moi, jamais pareille
supplication est-elle montée du cœur des
hommes jusqu'au cœur de Dieu ? Et pourquoi
cette voix nationale qui chante partout comme
la voix d'un seul homme :

*Sauvez, sauvez la France au nom du Sacré-
Cœur ?*

Pourquoi?... Ah! c'est qu'à cette heure,
la France, comme tout ce qui se sent menacé
des dangers suprêmes et des suprêmes ca-
tastrophes, la France a l'infaillible instinct
de ce qui peut, et de ce qui doit la sauver.
Sur le bord de son abîme elle étend ses
bras et tourne son cœur vers l'arche sainte
de son salut. Quelque chose lui révèle au
plus intime de sa grande âme, que le Cœur
de Jésus-Christ, si honoré, et si glorifié par
elle, le Cœur de Jésus-Christ, lieu divin, et
organe vivant de cet amour qui a tout sauvé,
sera pour la France, au dix-neuvième siècle,
le bouclier de sa vie, l'asile de son salut.

Aussi, voyez ce que fait aujourd'hui la
France chrétienne? Vers qui tend-t-elle ses

bras liés ? vers qui tourne-t-elle son cœur navré et sa face meurtrie ? Par quelle force, par quelle puissance demande-t-elle à Dieu de lui venir au secours ? Est-ce qu'elle invoque pour la sauver une puissance humaine quelconque ? Il en est pourtant de ces puissances qu'on peut invoquer et que souvent on invoque pour le salut ou la délivrance des patries menacées : puissance de la politique, des armes, de la richesse, de l'économie, de la littérature, de la science. Laquelle de ces puissances la France ma patrie appelle-t-elle à son secours ? Aucune. Écoutez ce que dit, ce que chante cette France.

Est-ce qu'elle chante : O Christ, sauvez-moi par le génie de mes grandes politiques et de mes grands hommes d'État ? Non.

Est-ce qu'elle chante : O Christ, sauvez-moi par la force de mes armes, par l'habileté de mes capitaines et par la bravoure de mes soldats ? Non.

Est-ce qu'elle chante : O Christ, sauvez-moi par l'éclat de ma richesse, et par la puissance de mes milliards ? Non.

Est-ce qu'elle chante : O Christ, sauvez-moi par les miracles de mon industrie, et par les prodiges de mon économie? Non.

Est-ce qu'elle chante enfin : O Christ, sauvez-moi par le génie de mes littérateurs, de mes poètes, et de mes orateurs? Sauvez-moi par la puissance de mes écrivains, de mes journalistes, de mes philosophes, de mes savants? Oh! non, mille fois non; rien de pareil ne retentit en ses chants.

Que chantez-vous donc, ô France bien-aimée? Que chantez-vous, avec cette voix si pleine à la fois de soupirs et d'espérance, de tristesse et d'enthousiasme? Que chantez-vous en sillonnant les rues de la cité de Paray? Que chantez-vous en accourant de partout sur les lignes de fer? Ah! vous chantez avec une ardeur qu'on ne vous connaissait plus, ce que nous chantons ici nous-mêmes, aujourd'hui avec un enivrement sacré, et ce que nous chanterons toujours avec une invincible confiance ; vous chantez l'hymne de la délivrance, le vrai chant du salut :

Dieu de clémence,
O Dieu vainqueur,
Sauvez, sauvez la France,
Au nom du Sacré-Cœur !

Tout l'auditoire reprend ce refrain et chante avec enthousiasme : *Dieu de clémence.* , et sur un signal donné par l'orateur, il se prosterne sous la bénédiction de Mgr de Léseleuc, évêque d'Autun. Et, après la bénédiction des bannières, et un acte public de consécration au Sacré-Cœur, l'assistance retourne processionnellement à Paray-le-Monial, en récitant son refrain chéri : *Dieu de clémence,* etc.

Paris. — L. de Soye et Fils, imp , pl. du Panthéon, 5.